Der Kurzfilm SCHWARZFAHRER von Pepe Danquart

Inhalt und dramatische Struktur

Der ca. zwölfeinhalb Minuten lange Kurzspielfilm SCHWARZFAHRER wurde 1992 in Berlin gedreht. An der Haltestelle »Hackescher Markt« im ehemaligen Ostteil der Stadt warten Menschen an einem heißen Sommermorgen auf die Straßenbahn: Geschäftsleute, ein alter Mann, eine Mutter mit Kind, türkische Jugendliche. Ein unter seinem Helm schwitzender Motorradfahrer (Stefan Merki) versucht vergeblich, seine Maschine zu starten. Als die Straßenbahn hält, steigen alle ein, zuletzt ein junger Schwarzer (Paul Outlaw). Höflich fragt er eine alte Frau (Senta Moira), ob der Platz neben ihr frei sei, und setzt sich dorthin, obwohl er keine Antwort erhält. Sie reagiert mit einem lauten Monolog, in dem sie über Ausländer herzieht. Die Passagiere lassen sie gewähren, ohne einzugreifen.

Von Station zu Station ändert sich die Zusammensetzung der Fahrgäste im Wagen, so steigen u. a. ein Walkmanhörer und Kinder ein. Die türkischen Jugendlichen flirten mit zwei Mädchen, eine andere Tram mit einem jungen Mann am Fenster zieht vorbei.

An der dritten Station besteigt ein Schaffner (Klaus Tilsner) die Straßenbahn. Der Motorradfahrer gerät wieder ins Schwitzen, hatte er doch keine Zeit für einen Ticketkauf gehabt. Als die zeternde Alte ihren Fahrschein zückt, greift der Schwarze blitzschnell zu und isst ihn auf. Dem Schaffner, der davon nichts bemerkt hat, zeigt er seinen eigenen Fahrausweis.

Die alte Frau muss beim nächsten Halt mit dem Kontrolleur aussteigen. Der verhinderte Motorradfahrer fährt dagegen ungestraft mit der Straßenbahn weiter.

Drehbuchautoren, die ihr Skript einem Filmstudio anbieten wollen, fassen den Inhalt in einer „Logline" zusammen, einem Kurztext, der drei Sätze nicht überschreiten soll. Auch TV-Zeitschriften bringen ähnlich kurze Filmbeschreibungen. Formulieren Sie Ihre „Logline" zu SCHWARZFAHRER und füllen Sie das Feld in der Lupe mit einem gedruckten Text aus.

21.45 BR **Auf Wiedersehen, Kinder** DRAMA von Louis Malle („Atlantic City")

Frankreich, 1944. Der elfjährige Fabrikantensohn Julien (Gaspard Manesse) wird in ein katholisches Internat geschickt – wo er sich schrecklich langweilt. Dann fällt ihm der neue Mitschüler Bonnet (Raphael Fejtö) auf: ein jüdischer Junge, den die Mönche vor den Todeslagern der Nazis retten wollen.

TV Movie Info Regisseur und Autor Louis Malle verarbeitete hier eigene Kindheitserinnerungen.

100 Min. ► 23.25 6-211-101

F/BRD 87 **O:** Au revoir les enfants **R:** Louis Malle **D:** Gaspard Manesse, Raphael Fejtö, Francine Racette, Stanislas Carré de Malberg **FSK:** ab 6

Bewegend! Der Holocaust aus Kindersicht

Spaß Action Erotik Spannung Anspruch

Julien (G. Manesse, r.) und Bonnet (R. Fejtö) werden Freunde

22.00 WDR **Die Außenseiterbande** GANGSTER-KOMÖDIE von Jean-Luc Godard

Die Freunde Franz (Sami Frey) und Arthur (Claude Brasseur) planen gemeinsam mit Au-pair-Mädchen Odile (Anna Karina) einen Diebstahl. Doch der Coup geht total daneben.

TV Movie Info „Für einen guten Film braucht man nicht mehr, als ein Mädchen und einen Revolver", so Regisseur Jean-Luc Godard („Außer Atem", 1960), der am 3. Dezember 75 Jahre alt wird. 90 Min.

► 23.30 598-208

F 64 (sw) **O:** Bande à part **R:** Jean-Luc Godard **D:** Anna Karina, Sami F… Claude Brasseur, Louis… Luc God…

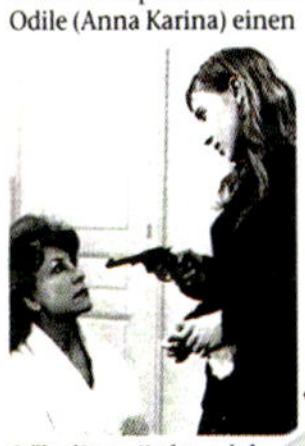

Odile (Anna Karina, r.) h… auf das schnelle Geld

22.20 ARTE **Russian Ark** FILM-EXPERIMENT Streifzug durch die russische Geschichte

Ein Filmemacher aus der Gegenwart trifft in der Petersburger Eremitage auf einen Diplomaten des 19. Jahrhunderts.

TV Movie Info Das hat es noch nie gegeben: Der Film wurde in einer einzigen Einstellung gedreht, es gibt keinen Schnitt. Möglich wurde dieses Kunststück durch eine Kinodigitalkamera Herkömmliche Kamera mit Filmrollen haben ei Aufnahmezeit von hö stens zehn Minuten. 95 M

► 23.55 3-502

D/RUS 02 (16:9) **O:** Russkij kovch Alexander Sokurow **D:** Sergej Do Maria Kuznezowa, Leonid Mosg Maksim Sergejew, M. Piotr

Faszinierend und sehr sinnlich

Spaß Action Erotik Spannung Ans

Im Ballsaal versammeln sich Gestalten der Geschichte

23.10

Die dramatische Struktur in der Literatur

Der deutsche Schriftsteller Gustav Freytag fasste 1863 in seinem Buch „Die Technik des Dramas" die Theorien des „geschlossenen" Dramas von der Antike bis in das 19. Jahrhundert zusammen. Er kam zu einem Schema mit fünf Akten, das vereinfacht in dem Schaubild einer Pyramide und etwas differenzierter als Spannungskurve dargestellt werden kann.

Der **1. Akt** enthält die „Exposition" (lateinisch: Einführung). Die Personen und der Ort der Handlung werden eingeführt. Der kommende Konflikt zeichnet sich ab.

Der **2. Akt** zeigt eine „steigende Handlung" und weist ein „erregendes Moment" auf. Es kommt zu Intrigen, „Protagonist" und „Antagonist" (griechisch: Hauptperson und Gegenspieler) stoßen aufeinander, das Geschehen beschleunigt sich.

Der **3. Akt** enthält den „Höhepunkt" der Entwicklung, an dem es zur „Peripetie" (griechisch: unerwartete Wendung) kommt. Der Held macht eine entscheidende Auseinandersetzung durch, er erlebt Sieg oder Niederlage, Absturz oder Erhöhung.

Der **4. Akt** beinhaltet eine „fallende Handlung", wobei die Spannung noch einmal dadurch erhöht wird, dass es ein „retardierendes Moment" (lateinisch: verzögerndes Moment) in der Handlungsentwicklung gibt.

Der **5. Akt** bringt eine „Lösung", ob nun in einer Katastrophe, z. B. als Untergang des Helden (wie in einer Tragödie), oder in Form eines Sieges und der Verklärung des Protagonisten (im Schauspiel).

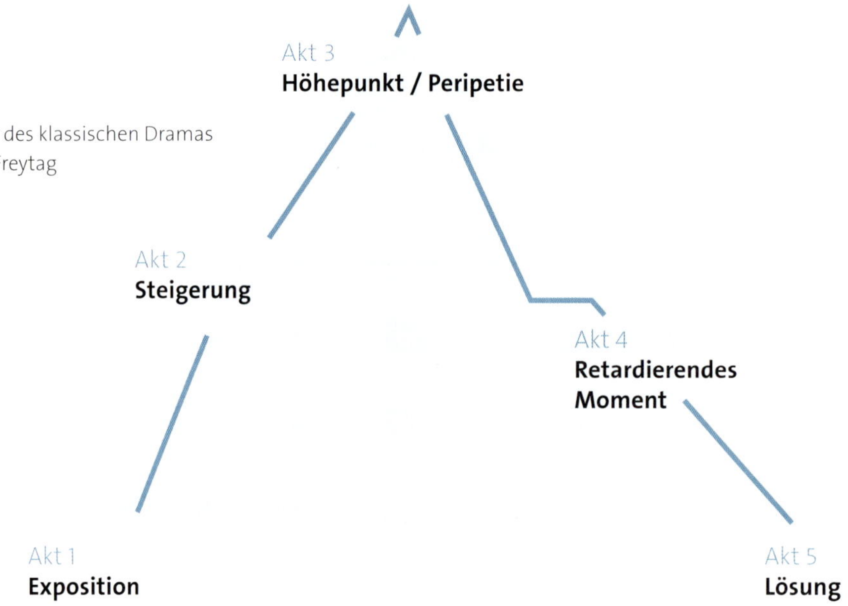

• Die Struktur des klassischen Dramas nach Gustav Freytag

Inwiefern weicht SCHWARZFAHRER von Gustav Freytags klassischem Schema ab? Zeichnen Sie über der Linie unten die Spannungskurve des Kurzfilms ein und notieren Sie dazu Stichworte für die jeweilige Handlung.

Die dramatische Struktur im Spielfilm

Folgt man dem amerikanischen Drehbuchautor Syd Field, besitzen die meisten Spielfilme eine Handlungsstruktur in drei Akten. Obwohl durchaus andere dramatische Strukturen existieren, trifft das Dreiaktschema tatsächlich auch für Kurzfilme oft zu.

Syd Field nennt sein Schema „Paradigma“ (griechisch: Muster) der dramatischen Struktur. Danach enthält der erste Akt die „Exposition“ (Vorbereitung der Geschichte, Einführung der Personen), der zweite Akt die „Konfrontation“ (Darlegung der Ziele und Hindernisse für den Protagonisten) und der dritte Akt die „Auflösung“ (Bewältigung der Aufgabe). Für die Übergänge zwischen den Akten, so Field, brauche es Wendepunkte, sogenannte „Plot points“. Zwar gebe es in einem Film viele Plot points, die entscheidenden aber seien Plot point I und II.

• Das Paradigma der dramatischen Struktur im Spielfilm nach Syd Field

Weisen Sie das Dreiaktschema bei SCHWARZFAHRER nach. Setzen Sie treffende Standbilder und beschreibende Texte in das Schaubild unten ein.

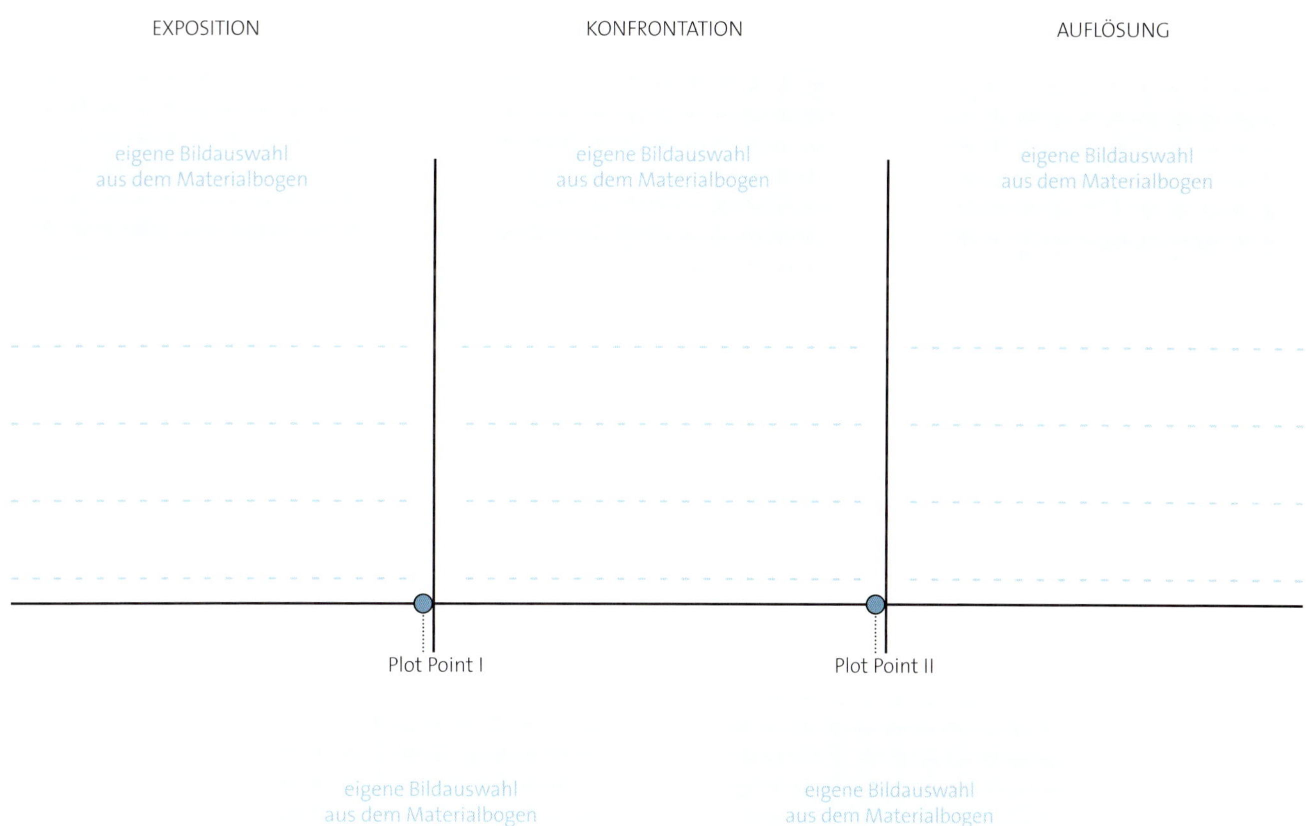

Entwickeln Sie evtl. auf einem Extrabogen eine weitere bildhafte, differenzierte Darstellung des Filmaufbaus.

Die drei „Schwarzfahrer“

Pepe Danquart spielt im Titel seines Kurzfilms mit der Bedeutung des Wortes „Schwarzfahrer“. Bei genauer Betrachtung können damit gleich drei Filmfiguren gemeint sein. Um welche Personen handelt es sich und was macht sie – freiwillig oder unfreiwillig – zu „Schwarzfahrern“?

- „Schwarzfahrer“ 1:

- „Schwarzfahrer“ 2:

- „Schwarzfahrer“ 3:

• HEIMSPIEL (D 1999/2000, Filmplakat. 95 Min., Farbe), nationaler Filmpreis: Beste Regie, u. a.

• HÖLLENTOUR (D 2004, Filmplakat. 120 Min., Farbe).

• AM LIMIT (D 2006/07, Filmplakat. 95 Min., Farbe).

Genre:

Genre:

Genre:

Logline zur Sportfilm-Trilogie:

Benennen Sie die Unterschiede von Dokumentar- und Spielfilmen. Kreuzen Sie jeweils an, ob Ihr Kriterium für SCHWARZFAHRER zutrifft.

	Merkmale für Dokumentarfilme		Merkmale für fiktionale Filme
		X	• dramaturgisch aufgebaute Handlung

Statements von Pepe Danquart

• Pepe Danquart beim Interview. Im Hintergrund rechts Filmszenen aus SCHWARZFAHRER

Pepe Danquart im Interview

„Die Situation kennt jeder, ist in dieser oder einer anderen Form jedem schon mindestens einmal passiert. In der U-Bahn, Straßenbahn oder im Bus, vielleicht sogar in der Kneipe oder einem anderen öffentlichen Platz. Es passiert überall: in der Provinz wie in den Metropolen (Berlin) – es passiert öffentlich, verdeckt, im kleinen und im großen Maßstab, dass Menschen als zweitrangig, minderwertig behandelt und in ihrer Würde oder körperlichen Unversehrtheit verletzt werden."

„Mich interessiert nicht so sehr, was zwischen den beiden Hauptdarstellern passiert. Wirklich interessant ist, dass da 25 Leute in einem Raum zuhören, die gar keine Angst haben müssten einzugreifen – es war doch eine alte Frau! Es ist ein Unterschied, ob jemand jemanden mit dem Messer bedroht. Es wäre ein Leichtes für jeden gewesen, der dort saß, zu intervenieren. Das taten sie aber nicht, und deshalb ist die eigentliche Message: Courage zeigen, wenn man das Gefühl hat, dass es Übergriffe gibt!"

„Ich wollte einen Film machen, der an diese Erfahrungen anknüpft, nicht moralisiert, dass man darüber lachen kann. Es sollte ein Lachen sein, das Nachdenken provoziert. Ein Nachdenken über sich und diese Gleichgültigkeit gegenüber den tagtäglichen Übergriffen, gegenüber diesen neuen rassistischen und rechtsnationalen Tönen, dieser größer werdenden Bereitschaft zur Gewalt Ausländern gegenüber."

Pepe Danquart

Berichten Sie über Fälle von Diskriminierung oder Übergriffen, die Sie erlebt oder beobachtet haben. Skizzieren Sie hierzu eine Filmidee auf einem Extrabogen.

Diskutieren Sie Pro und Kontra: Kann Humor etwas gegen Rassismus, Vorurteile und andere gesellschaftliche Missstände bewirken? Führen Sie Gründe an.

Pro: Ja, mit Humor kann man gegen Missstände vorgehen.	**Kontra**: Nein, man sollte Missstände anders darstellen.

Textquellen: Pepe Danquart: Schwarzfahrer. Das Buch zum Film. Berlin: Ullstein 1995, o. S. (Zitat 1 u. 3).
Interview Michael Klant / Raphael Spielmann mit Pepe Danquart, Berlin, 5.12.2008 (Zitat 2)

Flüchtige Filmbilder festhalten

Filmanalyse in grafischen Darstellungen

Wer sich vertiefend mit einem Film beschäftigt, für den ist es hilfreich, das Filmgeschehen und die hierbei eingesetzten filmsprachlichen Mittel näher zu untersuchen und zu protokollieren. Auf diese Weise lassen sich Merkmale des flüchtigen Mediums Film festhalten.

Grundlegend ist die Kenntnis darüber, in welche Einheiten ein Film eingeteilt wird: Die kleinste Einheit ist ein Frame (engl. Einzelbild), gefolgt von der Einstellung, der Szene, der Sequenz und schließlich der Montage des kompletten Films.

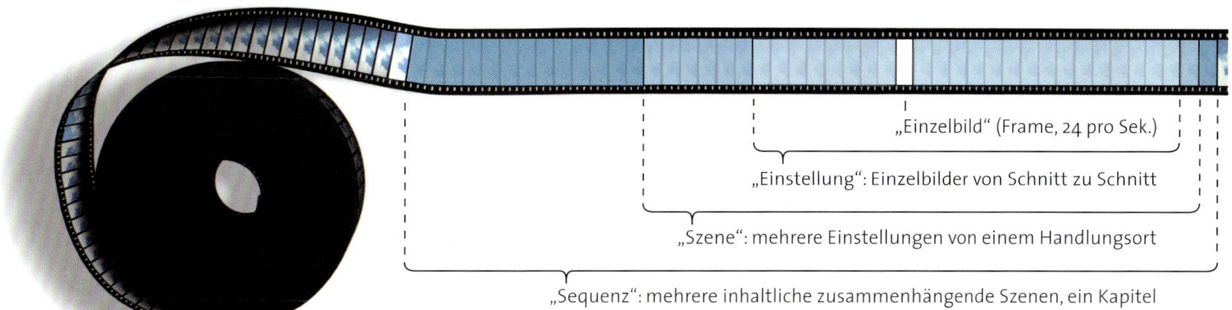

• Die Filmontage und ihre Elemente.

0:10 0:20 0:30 0:40 0:50 1:00

1:10 1:20 1:30 1:40 1:50 2:00

2:10 2:20 2:30 2:40 2:50 3:00

3:10 3:20 3:30 3:40 3:50 4:00

4:10 4:20 4:30 4:40 4:50 5:00

5:10 5:20 5:30 5:40 5:50 6:00

6:10 6:20 6:30 6:40 6:50 7:00

7:10 7:20 7:30 7:40 7:50 8:00

8:10 8:20 8:30 8:40 8:50 9:00

9:10 9:20 9:30 9:40 9:50 10:00

10:10 10:20 10:30

Während der einzelne „Frame“ Grundlage für eine Bildkompositionsanalyse sein kann (s. Bogen 4), lassen sich bei den „Einstellungen“ Erkenntnisse über die „Einstellungsdauer“ und die „Einstellungsgrößen“ gewinnen.

Die durchschnittliche Einstellungsdauer, „Schnittfrequenz“ genannt, wirkt sich auf das Tempo und den Rhythmus eines Films aus. Sie ist vom Genre abhängig: Bei vielen Spielfilmen beträgt die Schnittfrequenz ca. 10 Sekunden, bei Dramen und Komödien zwischen 6 und 7 Sekunden, bei Actionfilmen 2 bis 3 Sekunden.

In SCHWARZFAHRER geht die Filmhandlung (ohne Abspann) über 10:33 min. Halten Sie die ungefähre Dauer jeder Einstellung fest, indem Sie während der Filmsichtung Markierungen in den Balken links anbringen.

Ergebnis: Die Schnittfrequenz beträgt ca. _ _ _ _ Sekunden.

An folgenden Filmstellen gibt es Abweichungen von der durchschnittlichen Einstellungsdauer:

Das Sequenzprotokoll

Sequenz	Zeit	Inhalt / Filmhandlung	Bilder / Einstellungen	Motion stills
1	00:00 (nach Anfangstitelei)	**Ein S-Bahnhof in Berlin** (Hackescher Markt), mit an- und abfahrenden Zügen, hin und her eilenden Passanten und einem Zeitungsverkäufer. Vor dem Bahnhof ein schwitzender Motorradfahrer (Stefan Merki), der versucht, seine Maschine zu starten.	(Titelei mit Schauspielernamen.) Establishing shot des S-Bahnhofs aus der Vogelperspektive mit Schwenk, gefolgt von Bahn- und Bahnsteigaufnahmen in wechselnden Einstellungsgrößen. Einblendung des Titels und des Regisseurnamens.	eigene Bildauswahl aus dem Materialbogen
2	01:24	**Die Straßenbahnhaltestelle** davor. Der Motorradfahrer hat weiter Startprobleme; ein lesender Geschäftsmann blickt genervt zu zwei Männern mit Ghettoblaster hinüber, eine Mutter züchtigt ihren Sohn, zwei Mädchen flirten mit türkischen Jungen, ein alter Mann schleicht an einer jungen Dame vorbei.	Fahrende Straßenbahnen; Personenaufnahmen in Amerikanischen, Halbnah- und Nah-Einstellungen; Totale mit ankommender Straßenbahn; Einsteigen der Fahrgäste, zunächst aus der Froschperspektive von der Haltestelle, dann aus dem Inneren der Straßenbahn gefilmt.	eigene Bildauswahl aus dem Materialbogen
3	02:52	**In der Straßenbahn.** Ein junger Schwarzer (Paul Outlaw) fragt eine ältere Frau (Senta Moira), ob der Platz neben ihr frei sei, und setzt sich dort hin, obwohl er keine Antwort erhält. Die Frau fängt an, über Ausländer zu schimpfen. Die Passagiere bleiben stumm. Der kleine Junge amüsiert sich; die Türken flirten mit den Mädchen.		eigene Bildauswahl aus dem Materialbogen
4	05:33	**Erster Halt und Weiterfahrt.** Ein junger Mann mit Walkmann steigt ein. Fahrgäste blicken sich missbilligend um. Die alte Frau schimpft weiter. Ihre Bemerkungen verärgern die türkischen Jugendlichen. Der Schwarze reagiert nicht, er steckt ab und zu Nüsse in den Mund.	Blick durch die Scheibe auf Straßenbahn gegenüber; durch geöffnete Tür auf einsteigende Fahrgäste; Schuss/Gegenschuss zwischen altem Mann und Walkmanhörer; Totale des Innenraums, Großaufnahmen von Gesichtern; Straßenbahn von außen mit Überholfahrt der Kamera.	eigene Bildauswahl aus dem Materialbogen
5	07:55		Straßenbahndetails; Blick nach draußen auf Kinder an der Haltestelle, Gesicht Motorradfahrer groß; Halbtotale mit Schaffner; Detail von Handtasche und Fahrschein der älteren Frau; kauender Schwarzer und überraschte Frau halbnah; ältere Frau und Schaffner groß.	eigene Bildauswahl aus dem Materialbogen
6	09:43–10:33	**Dritter Halt und Ausstieg.** Der Schaffner (Klaus Tilsner) fordert die ältere Frau auf auszusteigen, was sie auch tut, nur um draußen weiterzuschimpfen.	Eine einzige lange Einstellung (Plansequenz) mit Schwenk vom Ausstieg bis zum Dialog zwischen der älteren Frau und dem Schaffner; abschließender Schwenk auf die ohne sie davonfahrende Straßenbahn. Abspann.	eigene Bildauswahl aus dem Materialbogen

Um sich einen Überblick über den ganzen Film zu verschaffen, teilt man ihn in „Sequenzen" ein. Dies ist bei SCHWARZFAHRER nicht einfach, weil das Geschehen weitgehend in der fahrenden Straßenbahn spielt, sodass es nicht zu Orts- bzw. Szenenwechseln zu kommen scheint. Die Abschnitte ergeben sich aber aus den Haltestellen. Ergänzen Sie die Lücken im Sequenzprotokoll oben.

Die Mittel der Filmsprache

Zur Kameraführung in SCHWARZFAHRER

Unter den filmsprachlichen Mitteln nimmt die Kamera eine herausragende Stellung ein. Sie gilt als „Schreibwerkzeug" des Filmemachers und beeinflusst in vielerlei Hinsicht das Bild und damit auch die Erzählabsicht des Films. Die formale Untersuchung der Kameraarbeit ermöglicht inhaltliche Rückschlüsse und trägt so zu einem besseren Verständnis des Films bei.

Eine erste Möglichkeit der Bildgestaltung ist die Festlegung der Einstellungsgröße. Auch wenn diese oftmals schon im Vorfeld schriftlich im Drehbuch notiert wird, hat der Kameramann beim Dreh die Aufgabe, sie zu prüfen und notfalls zu korrigieren. Sie gibt das Verhältnis an, das ein Mensch zum Raum einnimmt. Je näher er gezeigt wird, desto mehr erfassen wir von seiner Gestik und Mimik und damit von seinem Innenleben. Gleichzeitig nimmt die räumliche Orientierung ab.

Detail
Groß
Nah
Halbnah
Amerikanisch
Halbtotale
Totale
Weit

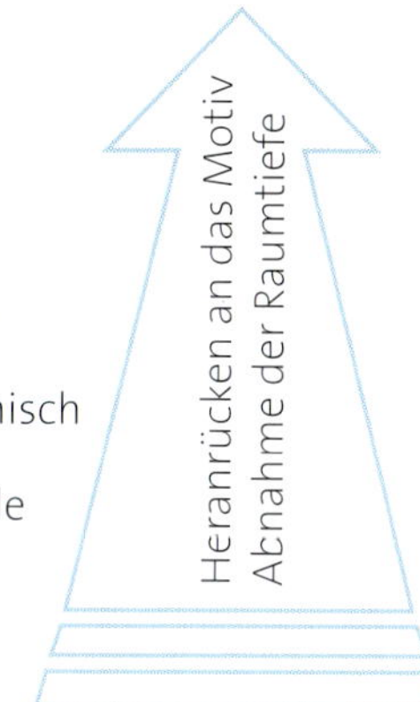

Ordnen Sie die rechts oben genannten Einstellungsgrößen den Motion stills aus SCHWARZFAHRER zu.

   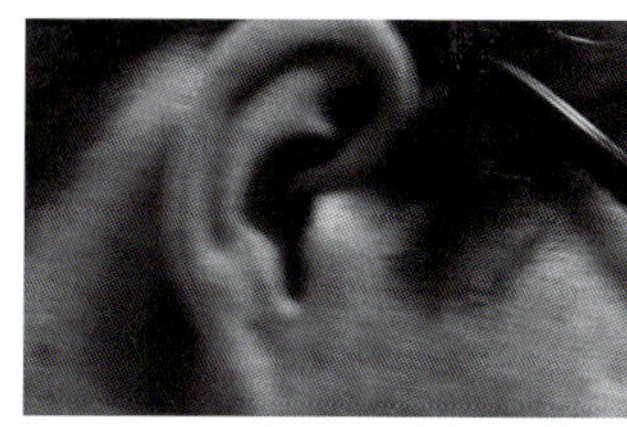

Amerikanisch

Beschreiben Sie, für welche Situationen sich die Einstellungsgrößen Groß, Halbnah und Totale eignen.

Eine Einstellung kann aus unterschiedlichen Blickwinkeln (Kameraperspektiven) aufgenommen werden. Die Wahl des Winkels beeinflusst die Bildaussage. Über die mögliche Wirkung der jeweiligen Perspektive sollte man sich bei deren Einsatz also stets bewusst sein.

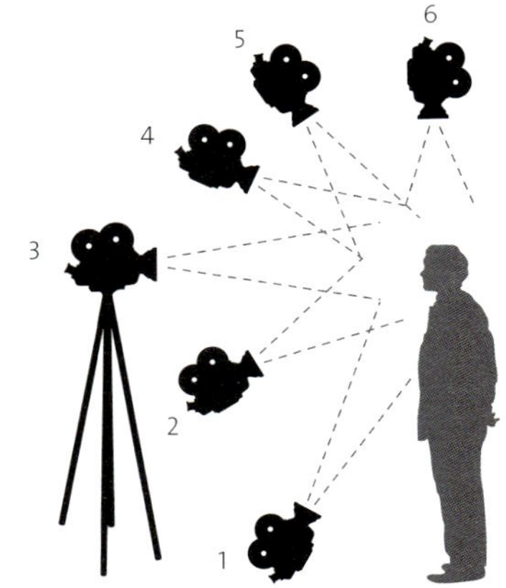

Ergänzen Sie die unten stehenden Informationen zur Kameraperspektive.
Hinweis: Eine Top shot-Einstellung (6) kommt in SCHWARZFAHRER nicht vor.

eigene Bildauswahl aus dem Materialbogen	eigene Bildauswahl aus dem Materialbogen	eigene Bildauswahl aus dem Materialbogen	eigene Bildauswahl aus dem Materialbogen	eigene Bildauswahl aus dem Materialbogen
• 1. Froschperspektive	• 2. Untersicht	• 3. Normalansicht	• 4. Aufsicht	• 5. Vogelperspektive
Die Froschperspektive zeigt eine Person heroisch, überlegen, selbstbewusst oder unheimlich. Je nach Zusammenhang kann diese Perspektive aber auch ironisch wirken. Die Person wirkt dann lächerlich.				

Recherchieren Sie die Einsatzmöglichkeiten für einen Top shot. Welche Wirkung kann mit ihm erzielt werden?

Pepe Danquart – Porträt des Regisseurs

Ein Filmemacher aus sozialem Engagement

Ist Film ein Spiegel der Gesellschaft? Dann ist der Filmemacher ein Soziologe, der die Verhältnisse analysiert und seinen Erkenntnissen eine filmische Form gibt. Pepe Danquart gehört zu den Regisseuren, die aus politischem und sozialem Interesse heraus zum Film gekommen sind. Dabei ist er kein kühler Beobachter, sondern jemand, der Anteil nimmt und etwas bewegen will.

Geboren 1955 in Singen am Bodensee, studierte Pepe Danquart nach Reisen durch Asien und Indien, auf denen er mit der Armut in der Dritten Welt konfrontiert wurde, seit 1975 Kommunikationswissenschaften an der Pädagogischen Hochschule in Freiburg und schloss 1981 mit dem Diplom ab.

Mit Mirjam Quinte und Bertram Rotermund gründete er 1977 die Medienwerkstatt Freiburg (MWF), der sich auch sein Zwillingsbruder Didi Danquart, heute ebenfalls ein erfolgreicher Regisseur, Michael Schlömer und Wolfgang Stickel anschlossen. Die MWF verstand sich als „Gegenöffentlichkeit“ gegen die herrschende Berichterstattung und drehte mehr als 30 dokumentarische Filme, u. a. über den Widerstand gegen den Bau des Kernkraftwerks Wyhl. Vom öffentlich-rechtlichen Fernsehen anfangs ungeliebt, erhielt die MWF 1983 den nationalen Dokumentarfilmpreis der deutschen Filmkritik.

SCHWARZFAHRER ist ein Wendepunkt in Pepe Danquarts Schaffen: Er markiert die Hinwendung vom Dokumentar- zum Spielfilm – und er wurde 1994 mit dem bedeutendsten Filmpreis überhaupt ausgezeichnet, dem Oscar, was der Karriere Danquarts einen entscheidenden Schub gab und die Finanzierung größerer Projekte ermöglichte.

Auch wenn SCHWARZFAHRER ein fiktionaler Film mit Schauspielern ist, geht er laut Pepe Danquart doch auf eine wahre Begebenheit zurück, von der ihm eine Freundin aus Basel berichtet hatte.

• Ende der 1970er-Jahre in Südbaden: Mitglieder der Medienwerkstatt Freiburg müssen sich bei der Dokumentation des Widerstands gegen den Bau des Kernkraftwerks Wyhl vor Tränengas schützen.

• Los Angeles, 1994: Pepe Danquart, Senta Moira und Paul Outlaw bei der Oscar-Verleihung.

Dürfen Dokumentarfilme Partei ergreifen?
Recherchieren Sie unter www.danquart.de zur MWF. Inwieweit haben sich Erfahrungen Danquarts als Dokumentarfilmer auf SCHWARZFAHRER ausgewirkt?

Bild 1: Albert Josef Schmidt | Bild 2: Archiv Pepe Danquart

Pepe Danquart – eine Filmografie mit verschiedenen Genres

Pepe Danquart ist ein Filmemacher, der sowohl Dokumentarfilme als auch fiktionale Filme dreht (lat. documentum: Beweis; fictio: Erdichtung). Gerade bei den letzteren, in der Mehrzahl „Spielfilme“ mit dramaturgisch aufgebauten Handlungen, gibt es viele verschiedene Typen, mit dem Fachbegriff „Genres“ (franz. genre: Art, Gattung). Genres sind z. B. Actionfilm, Fantasy, Kriminalfilm, Thriller etc. Häufig lassen sich Filme auch mehreren Genres zuordnen.

Betreiben Sie Recherchen auf Pepe Danquarts Website und ordnen Sie die Filme auf diesem Bogen jeweils einem Genre zu. Verfassen Sie zu den mit Abbildungen vorgestellten Filmen jeweils eine „Logline“ (s. Bogen 1 A).

• NACH SAISON (D 1997, Filmplakat. 126 Min., SW), Friedensfilmpreis der Berlinale 1997, u. a.

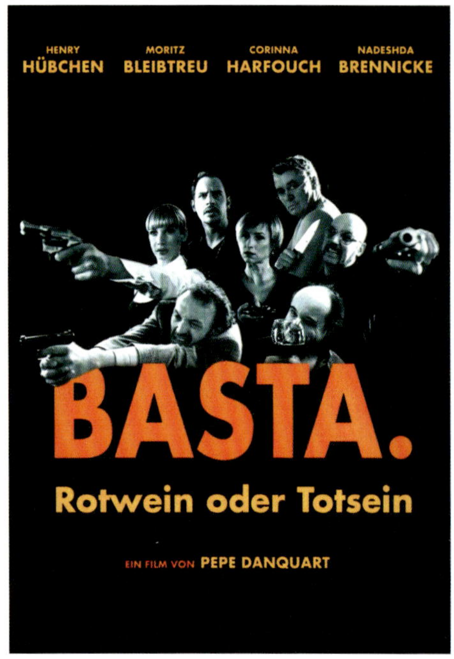

• BASTA (D 2004/05, Filmplakat. 108 Min., Farbe), Preis der dt. Filmkritik für den besten Schnitt.

Genre:

• DAEDALUS (D 1989, Filmplakat. 96 Min., Farbe)

Logline: „Daedalus“ ist eine schräge Mischung aus Science Fiction und eingeflochtenen dokumentarischen Sequenzen. Das Zusammenspiel von Fiktion und Dokumentation zeigt, dass die Zukunftsvision des Films schon begonnen hat.

Genre:

„Es brauchte unendlich viel an Einfühlungsvermögen, an Sensibilität und emotionaler Zuwendung, die Protagonisten dieses Films über zwei lange Kriegsjahre begleiten zu können, sie nicht zu verlieren. Ich lernte den Begriff der „dokumentarischen Demut“ neu zu definieren.“ *Pepe Danquart*

Logline:

Genre:

„Es war eine schwierige Aufgabe, in diesem Genre-Mix die richtige Balance zu finden. Mehr als zwanzig Musiker aus aller Welt spielten im Studio Nummern ein, die von RussenPop über Klezmer- und Zigeunermusik, a capella eingespielte Männerchöre bis hin zu Hip Hop reichten.“ *Pepe Danquart*

Logline:

Textquellen: Pepe Danquart auf www.danquart.de

Handlungsstränge

Soundtrack
Perkussion, Xylofon- und Saxofonmusik (Michel Seigner), Verkehrs- und Bahnhofsgeräusche. Direkte Rede: Bahnhofsdurchsage und Zeitungsverkäufer: »Der Kurier von hier ...«.
Verkehrsgeräusche; Kickstarter, Sprachfetzen vom Streit zwischen Mutter und Sohn und von flirtenden Teenagern; Hip-Hop- Musik aus einem Ghettoblaster (Snow Blind Twilight Ferries: Keep all the sunshine).
Straßenbahngeräusche (u. a. Klingeln), direkte Rede des jungen Schwarzen (»Ist da noch frei?«); Schimpftiraden der älteren Frau in lautem Selbstgespräch; Saxofonsolo bei Sequenzübergang.
Straßenbahnklingeln, Kindergeschrei, Gameboy (Super-Mario); Schaffner: »Fahrscheinkontrolle ...«; Motorradfahrer: »Na klar, Scheißtag.«; Junge: »Mama, guck ma'!«; ältere Frau: »Der Neger hier hat ihn eben aufgefressen. «
Nervenzerrendes Quietschen der Straßenbahn. Dialog zwischen Schaffner und älterer Frau: »Die haben es doch alle gesehen, ich versteh' das nicht.« Fortsetzung der Musik vom Filmanfang.

Jeder Film hat für die Handlung wichtige und weniger wichtige Protagonisten: Haupt- und Nebenfiguren. Bei SCHWARZFAHRER gibt es vier Hauptfiguren, wobei der junge Schwarze und die alte Frau über weite Strecken gemeinsam im Bild sind.

Wann die Figuren im Film erscheinen, kann sowohl Aufschluss über individuelle Handlungsstränge als auch über die Interaktionen zwischen den Charakteren geben.

Personen / Zeit	Motorradfahrer	junger Schwarzer	altre Frau	Schaffner
1. Minute				
2. Minute				
3. Minute				
4. Minute				
5. Minute				
6. Minute				
7. Minute				
8. Minute				
9. Minute				
10. Minute				
11. Minute				

Tragen Sie in das Raster oben die Auftritte der erwähnten Hauptfiguren in Form von senkrechten Balken ein.
Stellen Sie zeichnerisch durch Querverweise dar, wer wann mit wem interagiert. Eine der vier Personen interagiert mit den anderen nicht. Welche ist es und worin besteht ihre Funktion im Film?

- -

- -

- -

- -

Tortengrafiken und Einstellungsprofile

Im Prinzip lassen sich alle filmsprachlichen Mittel grafisch darstellen. Sie sollten jedoch aufschlussreiche Aussagen über den untersuchten Film ermöglichen.

Bei SCHWARZFAHRER ergibt sich ein interessantes Diagramm, wenn man die „Kamerabewegung“ protokolliert: Über fast drei Viertel des Films wurde scheinbar eine „starre Kamera“ eingesetzt.

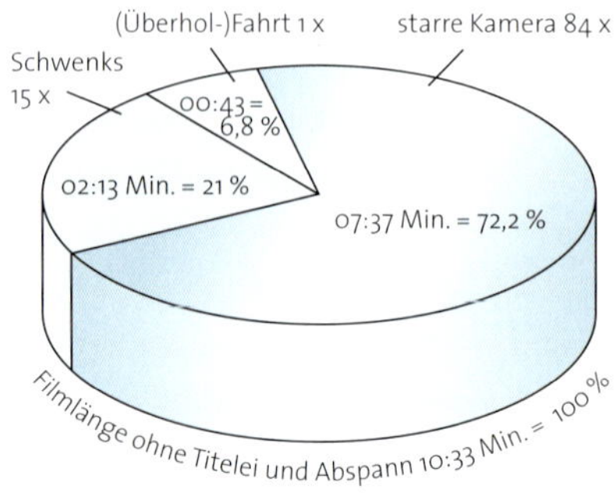

• Kameraaktivitäten in SCHWARZFAHRER.

Wie kommt es, dass SCHWARZFAHRER nicht statisch wirkt, obwohl die starre Kamera zu überwiegen scheint?

Pepe Danquart im Interview

Aufschlussreich sind auch so genannte „Einstellungsprofile“. Mit ihnen wird analysiert, wie oft und wie lang welche „Einstellungsgröße“ vorkommt (s. hierzu Bogen 4). Wegen des hohen Aufwands untersucht man selten den ganzen Film, sondern konzentriert sich auf wichtige Abschnitte oder Sequenzen.

• Einstellungsprofil für Sequenz 1 von SCHWARZFAHRER (Länge 1:23 min.)

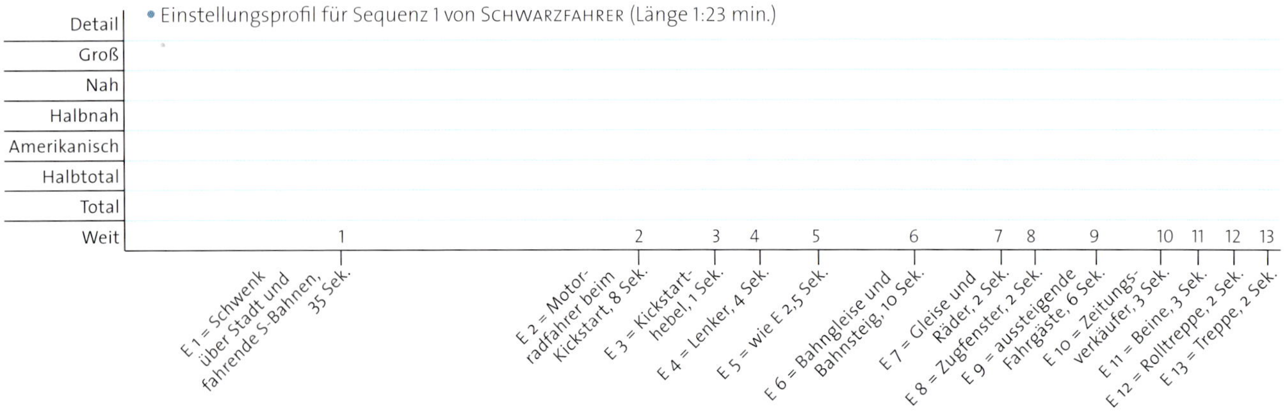

• Sequenz 5

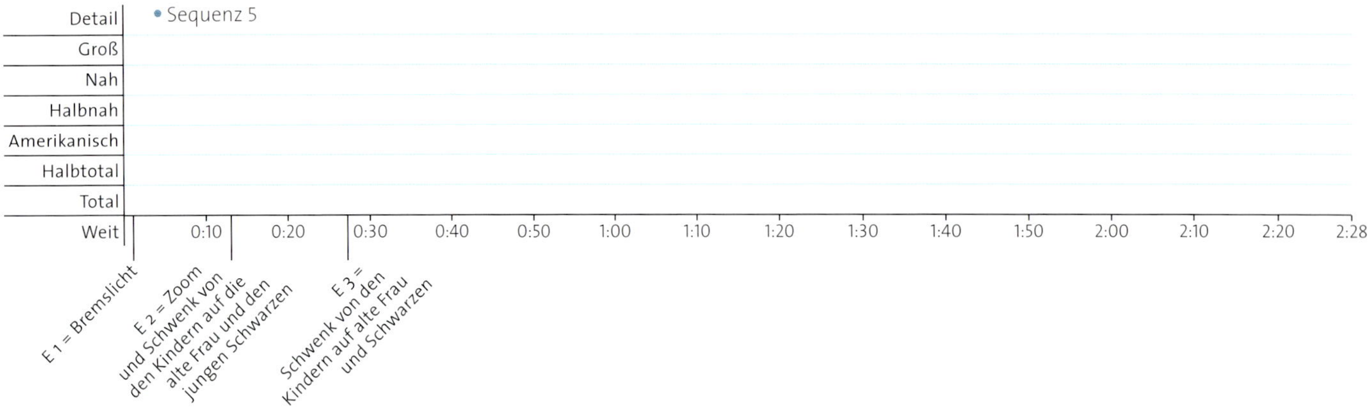

Skizzieren Sie das Einstellungsprofil für Sequenz 5 und tragen Sie es anschließend im Raster oben ein, beginnend beim Rücklicht der Straßenbahn bis zum Ausstieg von Schaffner und Frau am Ende des Films (Länge 1:48 min.). Welche Einstellungsgrößen dominieren?

Sequenz 5

Zeichen im Film

Hinweise und Symbole

Ein mit der Kamera gefilmter Film ist, zeichentheoretisch gesprochen, ein Ikon (griechisch: Abbild). Die Zeichen im Film bilden aber nicht einfach nur ab, sie haben auch Bedeutungen darüber hinaus. So deuten beispielsweise Kleidung, Frisur, Mimik und Gestik eines Schauspielers auf dessen Charakter hin. Die Auswahl der Location bestimmt die Atmosphäre im Film. Solche Zeichen, die auf etwas hinweisen, werden nach dem Zeichentheoretiker Charles Sanders Peirce als „Index" (lateinisch: Hinweis, pl. Indices) bezeichnet.

Ein Index-Zeichen kann jedoch auch Symbolcharakter besitzen, indem es sinnbildlich für etwas anderes steht. Symbole beruhen stets auf Tradition und müssen erst erlernt werden, damit der Zuschauer sie versteht. Im Unterschied zu einem normalen Zeichen konkretisieren sie den Hinweis auf eine Sache. Dies verhält sich beispielsweise so beim Fernsehturm, der in SCHWARZFAHRER vorkommt. Er deutet nicht nur darauf hin, dass es in der gezeigten Stadt einen Sendeturm für TV oder Radio gibt. Mit dem entsprechenden Vorwissen kann er auch als Symbol der Hauptstadt Berlin erkannt werden.

Ikon = Abbild

Index = Hinweis

Symbol = Sinnbild

Finden Sie im unten abgebildeten Motion still von SCHWARZFAHRER Indices, welche für die Stadt Berlin stehen.

Oberleitung:

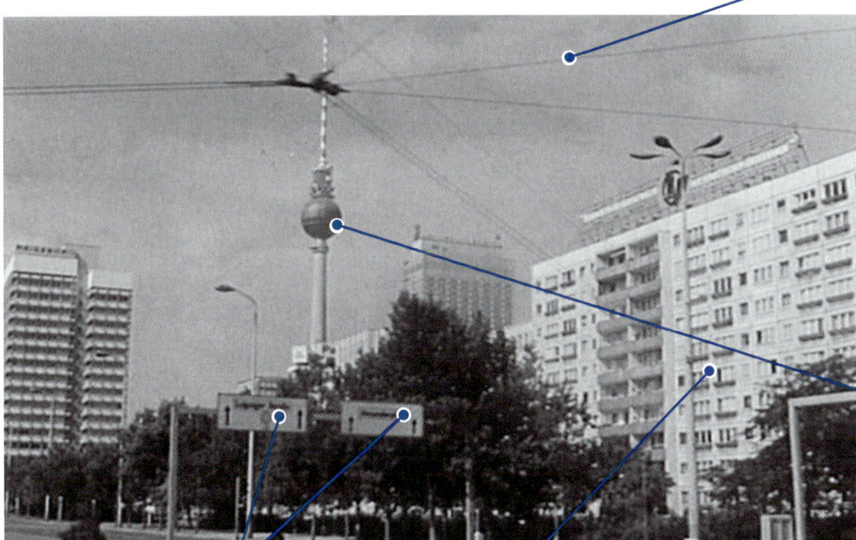

Fernsehturm: nicht nur Index für TV- oder Radio-Sender, sondern durch die typisch runde Kugel auch Symbol für die Hauptstadt Berlin.

Straßenschilder mit vier Pfeilen:

10-stöckiges Wohnhaus:

Pepe Danquart drehte SCHWARZFAHRER in Schwarzweiß. Worauf könnte dies hindeuten? Welchen Charakter verleiht dies dem Film?

Welche Indices und Symbole finden Sie bei den Schauspielern? Notieren Sie die Bedeutung der Zeichen, die sich aus Mimik, Gestik und Kleidung ableiten lassen. Betrachten Sie dazu die jeweils angegebene Filmstelle.

a) Der Schwarze (Paul Outlaw)

• Motion still bei 2:52 Min.

• Motion still bei 3:06 Min.

Die beiden jungen Männer, die sich im Hintergrund befinden, schlagen mit ihrer rechten Hand auf Kopfhöhe ein. Diese Geste weist nicht nur darauf hin, dass sich die beiden Männer voneinander verabschieden, sondern sie ist gleichzeitig auch ein Symbol, welches die Zugehörigkeit zu einer bestimmten Gruppe oder zu einem Freundeskreis zeigt.

b) Die alte Dame (Senta Moira)

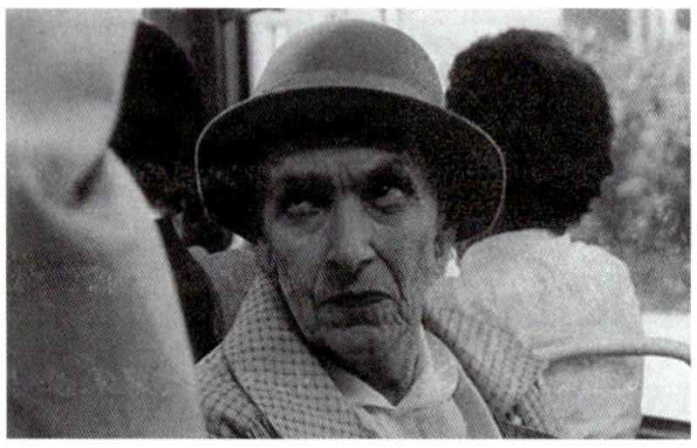

• Motion still bei 3:25 Min.

• Motion still bei 5:23 Min.

Der leicht erhobene Kopf der alten Dame deutet darauf hin, dass sie dem Schwarzen nicht auf gleicher Höhe begegnen will. Sie fühlt sich überlegen und denkt, sie sei etwas Besseres. Direkt danach sagt sie: „Im übrigen riechen Sie penetrant." Zusammen mit dem erhobenen Kopf wirkt das Lächeln überheblich und selbstgerecht.

• Motion still bei 9:14 Min.

• Motion still bei 9:45 Min.

• Motion still bei 7:27 Min.

• Motion still bei 10:01 Min.

Charakteristik ☐ zur alten Dame ☐ zum Schwarzen

Verfassen Sie eine ausführliche Charakteristik zur alten Dame oder zum Schwarzen. Berücksichtigen Sie neben dem äußeren Erscheinungsbild auch die gefundenen Indices. Ziehen Sie daraus Rückschlüsse auf Familie, Beruf, Freundeskreis, Sozialstatus und Wohnumfeld. Versuchen Sie auch ihre Ängste, Gewohnheiten und Lebensziele zu beschreiben.

„Eine moderne Sage“

SCHWARZFAHRER im Vergleich

Als Regisseur Pepe Danquart 1993 den Oscar für SCHWARZFAHRER entgegennimmt, ahnt er noch nicht, dass er bald auch mit Vorwürfen konfrontiert werden wird. Ein Artikel aus der Berliner Zeitung beschreibt sie.

Freitag, 25.3.1994 **Berliner Zeitung**

Die Heimkehr des „Schwarzfahrers“

Oscar oder das ganz besondere Spektakel um einen Zwölfminutenfilm

Er kam, sah und zeigte trotz allem Ärger lachend seinen Oscar: Gestern kehrte der gewaltig umjubelte, doch seit dem RTL Nachtjournal genauso umstrittene Filmemacher Pepe Danquart aus Hollywood nach Berlin zurück. Am Flughafen Tegel empfingen ihn nicht nur sein Kameramann Ciro Cappellari, Produzent Albert Kitzler und Schauspieler Stefan Merki, sondern auch Blitzlichtgewitter und bohrende Fragen. Wie er über den Vorwurf des Ideenklaus denke? „Das ist Unsinn. Ich habe den Werbespot noch nie gesehen. Meine gute Laune wurde durch die Nachricht aber doch getrübt“, sagt Pepe Danquart.

Produzent Albert Kitzler kümmere sich jetzt um rechtliche Schritte. „Wir haben RTL und den Zeitungen eine Abmahnung geschickt. Dass es die Geschichte nicht nur einmal gibt, wusste ich vor unserer Produktion. Ich habe aber eine schriftliche Bestätigung einer Zeugin, die den Vorfall mit dem aufgefressenen Fahrschein selbst erlebte. Außerdem kommt es doch immer auf die Umsetzung eines Plots an“, sagt Albert Kitzler. ...

RTL behauptete: Den Oscar gab es für ein Plagiat. Bis in die Einstellungen hinein, auch Hut und Mütze seiner Hauptdarsteller in der Straßenbahn, soll sich der gekrönte Regisseur mit seinem Zwölfminutenfilm „Schwarzfahrer“ als Schwarzfahrer erwiesen haben. Die strengen Fahrtausweiskontrolleure von RTL hatten quasi im Moment der Preisverleihung schon herausgefunden, dass die Story mit dem billettverschlingenden Schwarzen auch in einem Werbespot der Osloer Straßenbahn bereits seit 1986 in aller Öffentlichkeit bekannt ist. Auch international. Denn ein Jahr drauf gewann die Straßenbahn-Schwarzfahrerstory auf dem Festival von Cannes den Grand Prix für Werbefilme. ...

Wie weiter aber mit den „Schwarzfahrern“? Zeitungen titelten gestern, nachdem sie am Vortage noch jubelten: „Muss er den Oscar zurückgeben?“ Filmproduktionsfirmenchefs dementierten dagegen die Plagiatunterstellung. Reiner Zufall also, dass die Bilder sich so gleichen. ...

Günter Sobe / Martina Hinz

Recherchieren Sie den Begriff „Plagiat“. Unterstreichen Sie die Textstellen mit unterschiedlichen Farben, welche Pepe Danquart mit dem Vorwurf des Plagiats belasten bzw. welche ihn entlasten. Was halten Sie selbst von dem Vorwurf?

Die Geschichte vom aufgegessenen Fahrschein gilt als „moderne Sage" und tauchte erstmals 1986 in einem Werbespot für die Verkehrsbetriebe in Oslo, Norwegen auf. 1990 wird die Geschichte mit dem Titel „Der Punker in der U-Bahn" in der Sammlung sagenhafter Geschichten „Die Spinne in der Yucca-Palme" von Rolf W. Brednich abgedruckt. 1994 bekommt Pepe Danquart für die Verfilmung von SCHWARZFAHRER einen Oscar.

Vergleichen Sie den Kurzfilm SCHWARZFAHRER mit dem Werbefilm aus Norwegen. Listen Sie Gemeinsamkeiten und Unterschiede auf.

• **Werbespot** der Osloer Verkehrsbetriebe (Norwegen 1986, R: Rolf Solmann).

• **Oscargewinner** SCHWARZFAHRER (D 1993, R: Pepe Danquart).

Gemeinsamkeiten:

Unterschiede:

Unterschiede:

Wie eigenständig ist SCHWARZFAHRER? Begründen Sie Ihre Meinung anhand der bisherigen Informationen und der von Ihnen gefundenen Gemeinsamkeiten oder Unterschiede.

Erstellen Sie ein Filmprotokoll zu den Einstellungsgrößen und zu den Kameraperspektiven aus SCHWARZFAHRER.

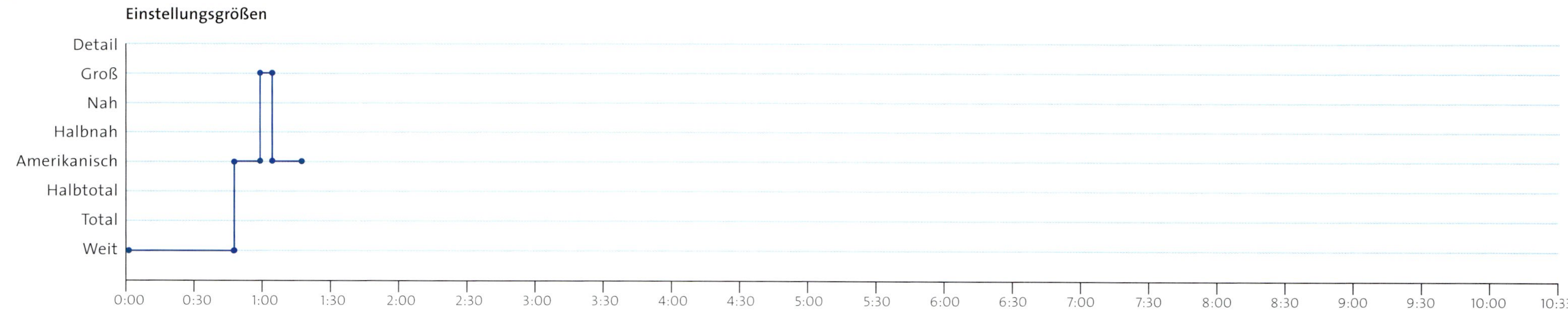

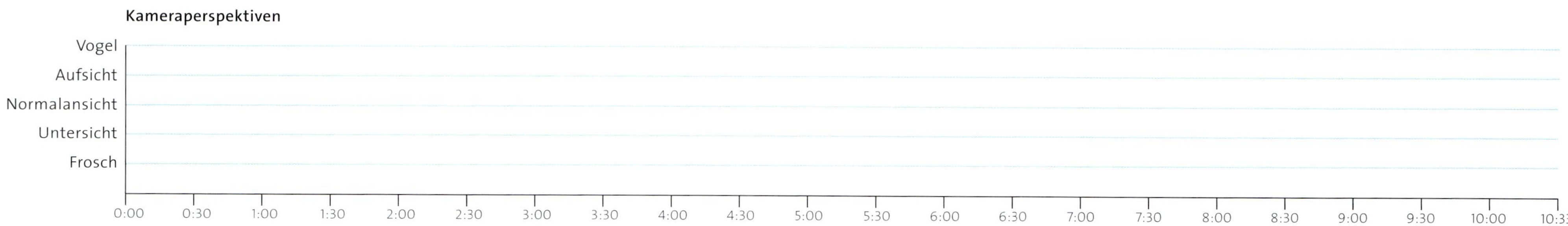

Vergleichen Sie auffällige Stellen im Filmprotokoll mit der Filmhandlung.
Fertigen Sie zu Ihren Beobachtungen stichwortartige Notizen an.

Die Kameraperspektive wird häufig mit der Erzählperspektive in der Literatur verglichen, wo es einen auktorialen Erzähler (allwissenden), einen personalen Erzähler (der aus der Sicht einer bestimmten Person handelt) und einen Ich-Erzähler gibt. Im Film wird die Erzählperspektive jedoch meist nicht so konstant beibehalten wie in einem Roman, sie wechselt häufiger.

Welche Einstellungen bzw. Kameraperspektiven deuten in SCHWARZFAHRER Ihrer Meinung nach auf bestimmte Erzählperspektiven hin?

eigene Bildauswahl aus dem Materialbogen

Die Ich-Perspektive: Der Blick aus dem Fenster auf den Mann in der gegenüberliegenden Straßenbahn ist aus der Sicht des Schwarzen, da dieser in der Einstellung davor und danach genau in diese Richtung schaut.

Verfassen Sie eine Filmkritik zur Kameraarbeit in SCHWARZFAHRER.

Weniger Glück hatte Filmemacher Jean-Philippe Laroche, der die Geschichte 1994 unter dem Titel LA DAME DANS LE TRAM verfilmte. Sein Kurzfilm wurde auf den Festivals nicht zugelassen, da er dem Film SCHWARZFAHRER ähnelt. Von dem Osloer Werbespot und von Pepe Danquarts Film will er nichts gewusst haben. Laroche verweist auf eine Freundin, die den Vorfall in einer Straßenbahn von Brüssel erlebt hatte.

• **Als Plagiat abgestempelt:** LA DAME DANS LE TRAM (F 1994, R: Jean-Philippe Laroche).

Recherchieren Sie den Kurzfilm von Jean-Philippe Laroche im Internet und vergleichen Sie ihn mit SCHWARZFAHRER. Wurde LA DAME DANS LE TRAM von den Filmfestivals zu Unrecht ausgeschlossen? Begründen Sie Ihre Meinung anhand Ihrer Beobachtungen.

Recherchieren sie den Begriff „Remake". Begründen Sie, ob der Kurzfilm LA DAME DANS LE TRAM als „Remake" oder eher als Plagiat von SCHWARZFAHRER bezeichnet werden kann.

Wenn sich die Handlungen zweier Filme nicht genau gleichen, es aber formale oder inhaltliche Ähnlichkeiten gibt, spricht man von Intertextualität. Häufig gibt es Verweise auf Requisiten, Schauspieler, Themen oder auch auf ganze Handlungsabläufe.

Betrachten Sie die unten erwähnten Filme und benennen Sie intertextuelle Aspekte zwischen ihnen, indem Sie das Schema mit kurzen Anmerkungen, Linien und Pfeilen vervollständigen.

• SCHWARZFAHRER (D 1993, R: Pepe Danquart)

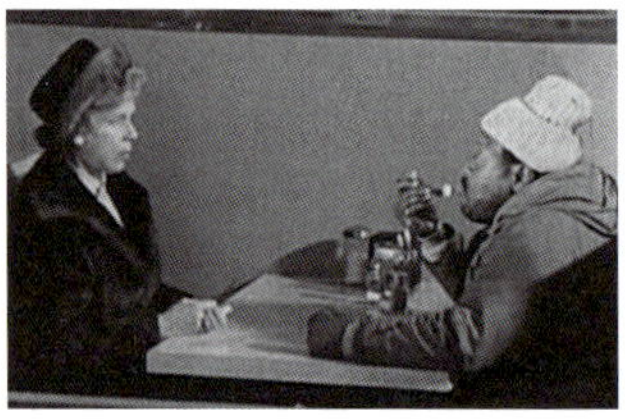

• THE LUNCH DATE (USA 1989, R: Adam Davidson)

ähnliche Personenkonstellation

• THE COOKIE THIEF (Schweiz 1999, R: Korinna Sehringer)

• FLUGZEUG (A 2007, R: Jochen Graf)

• AUF DER STRECKE (Schweiz 2008, R: Reto Caffi)

Verfassen Sie auf einem Extra-Bogen das Exposé (französisch: Entwurf) für einen Kurzfilm, in welchem jemandem etwas weggegessen wird. Neben Ort und Zeit sollten darin die Hauptfiguren, die wichtigsten Handlungsabläufe sowie eventuelle Plot points (Wendepunkte) beschrieben sein.

Psychologische Zusammenhänge

Die Personenkonstellation in SCHWARZFAHRER

Mit dem Aufkommen der Psychoanalyse wurde auch die Psyche der Filmfiguren analysiert. Doch die Ergebnisse solcher Untersuchungen beruhten meist auf Vermutungen, da es sich bei Filmcharakteren lediglich um die Erfindungen eines Drehbuchautors und nicht um reale Personen handelt. Eine neue Perspektive erbrachte jedoch der kognitive Ansatz (lateinisch: cognoscere: erkennen) der Psychologie, der sich mit dem Erleben und Verhalten des Zuschauers beschäftigt.

Im Fokus befindet sich also nicht mehr allein der Protagonist, sondern auch der Betrachter selbst. Indem er sich in die Lage der Filmfiguren versetzt, teilt er deren Gefühle und versteht damit auch deren Handeln und Verhalten. Diese als „Empathie" (griechisch: Einfühlen) bezeichnete Anteilnahme kann sich auf jede Figur des Films beziehen, also auch auf die Wahrnehmung der „Antagonisten", der Gegenspieler, welche dem Protagonisten beim Erreichen seiner Ziele im Wege stehen.

Versuchen Sie sich mithilfe der folgenden Fragen in die Lage der Filmfiguren zu versetzen. Wie geht es ihnen? Wie ist ihre Verfassung? Was fühlen sie? Notieren Sie Ihre Ergebnisse in Form einer „Begriffswolke" um die jeweilige Person. Ergänzen Sie die Begriffswolken für weitere Filmfiguren auf einem Extrabogen.

verärgert

genervt

eigene Bildauswahl
aus dem Materialbogen

eigene Bildauswahl
aus dem Materialbogen

Durch das Empfinden von Empathie für die einzelnen Filmfiguren erhält der Zuschauer auch Hinweise auf deren Verhältnis. Wie reagieren die Personen aufeinander? Empfinden sie gegenseitig Sympathie?

eigene Bildauswahl aus dem Materialbogen

eigene Bildauswahl aus dem Materialbogen

eigene Bildauswahl aus dem Materialbogen

eigene Bildauswahl aus dem Materialbogen

eigene Bildauswahl aus dem Materialbogen

eigene Bildauswahl aus dem Materialbogen

Die alte Dame kann den Schwarzen aus verschiedenen Gründen nicht leiden: Sie ist ausländerfeindlich ...

eigene Bildauswahl aus dem Materialbogen

eigene Bildauswahl aus dem Materialbogen

eigene Bildauswahl aus dem Materialbogen

eigene Bildauswahl aus dem Materialbogen

Legende

☒ = *gegenseitige Antipathie*

Visualisieren Sie die Figurenkonstellation in SCHWARZFAHRER mithilfe von grafischen Mitteln, welche Sie in einer Legende im Feld rechts erklären. Ergänzen Sie Ihr Schaubild mit Begriffen und kurzen Beschreibungen.

Fertigen Sie eine ausführliche Beschreibung der Personenkonstellation zu SCHWARZFAHRER an.
Geben Sie Ihrem Text eine sinnvolle Gliederung.

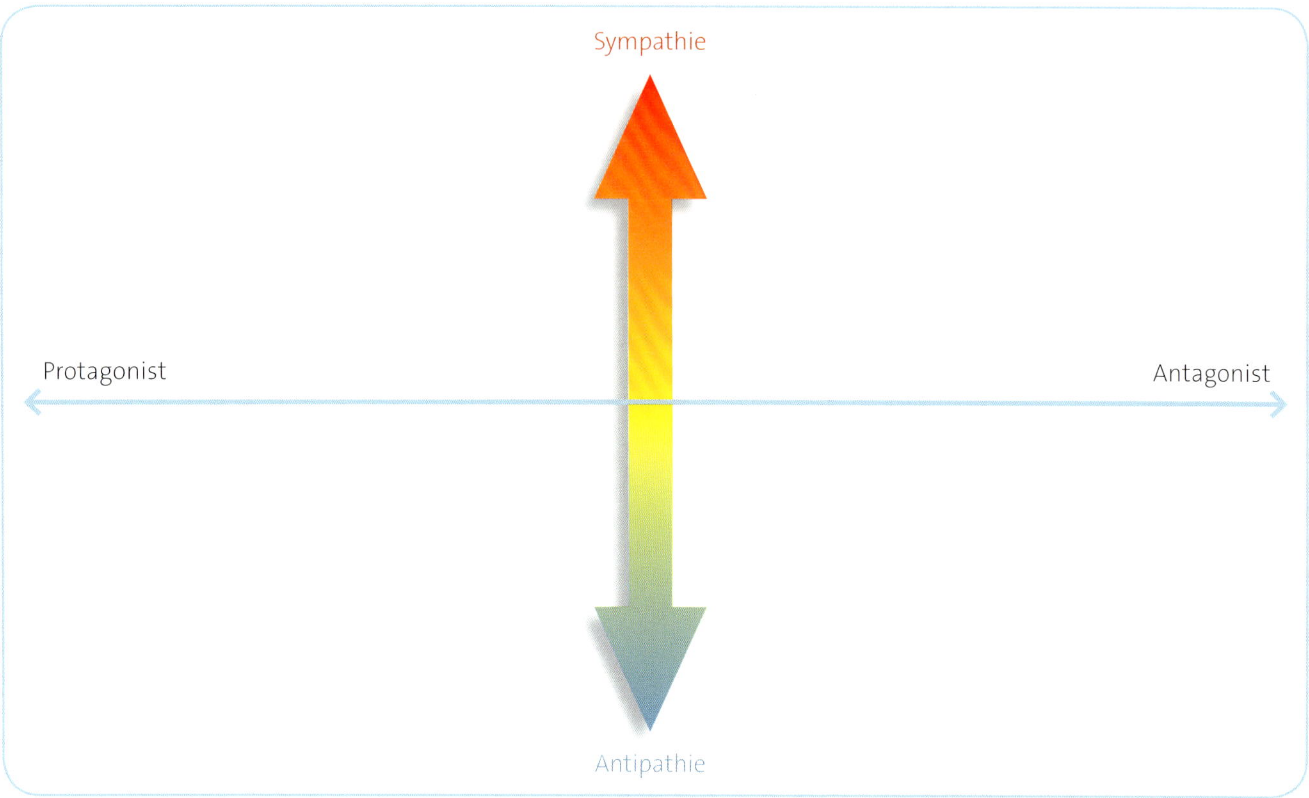

Sich in eine Filmfigur empathisch einzufühlen (Seite A), beinhaltet noch kein Urteil. Hier ist nun jedoch Ihre Wertung gefragt. Überprüfen Sie für den Kurzfilm SCHWARZFAHRER, welche Personen Ihnen sympathisch erscheinen und welche nicht. Notieren Sie Ihre Ergebnisse in den vier Feldern des oben stehenden Koordinatenfelds.

Begründen Sie Ihre Entscheidungen:

Typisch männlich, typisch weiblich

Blickbeziehungen und andere Gender-Aspekte

Beim Film besetzen Männer mehr als 80 % der wichtigen Arbeitsbereiche. Dies nahmen Frauen zum Anlass, ihn als eine „männlich dominierte Kunstform“ zu kritisieren. Auch die in Filmen transportierten »Role models«, die Rollenvorbilder, seien von männlichen Vorstellungen bestimmt, die als einseitige Identifikationsmodelle dienten. Geschlecht (engl. gender) sei nicht nur biologisch bedingt, sondern auch kulturell konstruiert.

Die feministische Filmtheoretikerin Laura Mulvey empfiehlt deshalb, die unterschiedlichen Sichtweisen direkt an den Blicken im Film festzumachen.

Sie unterscheidet dabei drei Arten von Blicken: den „Blick“ der Kamera beim Dreh, den Blick des Betrachters im Kino und die Blicke, welche die Figuren innerhalb des Films miteinander wechseln.

• Standbilder aus SCHWARZFAHRER mit Pfeilen von Pepe Danquart.

Analysieren Sie die Standbilder links hinsichtlich der Blicke. Welchen Blick hat der Betrachter auf die Szene, was für Blicke wechseln die Filmfiguren?

eigene Bildauswahl aus dem Materialbogen

eigene Bildauswahl aus dem Materialbogen

Entnehmen Sie dem Materialbogen zwei Filmstandbilder, die interessante Blickbeziehungen ergeben, und stellen Sie diese mit grafischen Mitteln dar. Finden Sie eine charakterisierende Bildunterschrift.

Paarbeziehungen

Außer der der alten Frau und dem jungen Schwarzen treten in SCHWARZFAHRER noch weitere „Paare" auf. Pepe Danquart greift dabei bewusst auf verschiedene Klischees zurück.

Beschreiben Sie die Klischees, die sich in den Standbildern rechts äußern. Begründen Sie jeweils, warum sie im Film vorkommen. Wählen Sie selbst ein Paar aus dem Materialbogen aus.

In der Szene oben stellen der alte Mann mit der Schiebermütze und die junge Geschäftsfrau einen Moment lang ein Gegensatzpaar dar. Er scheint wie ein Voyeur durch seine dicken Brillengläser zu ihr hinzuschauen, sie scheint seinen Blick im Nacken zu spüren. Der lüsterne Alte und die attraktive Frau sind früher von Künstlern oft als „ungleiches Paar" gemalt worden.

„Es sind alles Laien, die in diesem Film spielen. Ich bin damals wochenlang Straßenbahn gefahren und habe Leute angesprochen, ob sie nicht mitspielen wollen – ein so genanntes ‚Streetcasting'. Sie haben alle etwas mitgebracht, wie der junge Mann, der mit umgehängtem CD-Player die älteren Menschen zum Kopfschütteln bringt."

Pepe Danquart

eigene Bildauswahl
aus dem Materialbogen

Interview Michael Klant / Raphael Spielmann mit Pepe Danquart, Berlin, 5.12.2008 | Zeichnung: © Peter Gaymann, Köln

Wie er und sie Filme sehen

Der Gender-orientierte Analyseansatz berücksichtigt die Erkenntnis, dass Männer und Frauen aufgrund ihres Geschlechtsunterschieds verschieden sozialisiert (erzogen) worden sind und auch deshalb andere Sichtweisen haben. Die unterschiedliche Wahrnehmung betrifft offenbar auch die Filmrezeption.

Wie könnte der Dialog zwischen „ihm“ und „ihr“ in der Karikatur noch lauten? Erfinden Sie neue Sprechblasentexte.

• Zeichnung von Peter Gaymann

Listen Sie einige besonders geschlechtstypische Attribute von Darstellern in SCHWARZFAHRER auf.

Rollentausch

In SCHWARZFAHRER beleidigt eine alte Frau einen jungen Farbigen, der in einer Berliner Straßenbahn neben ihr Platz genommen hat. Anstatt aufzubrausen, greift er zu der Strategie, ihren Fahrschein zu verschlucken.

Was aber wäre, wenn die Diskriminierung umgekehrt gelaufen wäre, wenn er als Mann über die alte Frau geschimpft hätte? Was wäre, wenn eine junge Frau einen älteren Mann – oder umgekehrt – demütigen würde?

Kehren Sie die Situation um, wandeln Sie sie ab: Denken Sie sich Situationen aus, in denen Menschen einander kränken, entwerfen Sie ein kurzes Stück hierzu. Setzen Sie dieses in ein Drehbuch für einen Kurzfilm um, das Sie dem Portfolio beilegen.

Frage an den Regisseur:

„Hätte die Rollenverteilung in SCHWARZFAHRER auch anders sein können – z. B. ein Mann als Hetzer?“

Pepe Danquart:

„Nein, sie hätte nicht umgekehrt sein können, der Film hätte eine andere Tonlage bekommen. Es gab natürlich viel schlimmere Vorfälle, die man hätte erzählen können. Die Neonazi-Szene hat sich damals auch im Osten Berlins brutalst in Straßenbahnen und in Busfahrzeugen bewegt. Aber es wäre sofort eine Härte in den Film hinein gekommen. “

Interview Michael Klant / Raphael Spielmann mit Pepe Danquart, Berlin, 5.12.2008

Der Ton macht die Musik

Stimmen, Atmo und Geräusche

• Oben: Waveform aus SCHWARZFAHRER bei 9:09 Min., als der Schwarze die Fahrkarte aufisst (D 1993, R: Pepe Danquart).

Der Soundtrack eines Films setzt sich in der Regel aus vielen separaten Tonaufnahmen zusammen. Die gestalterische Tätigkeit, welche die einzelnen Tonspuren koordiniert und zu einem stimmigen Klangkonzept zusammenführt, nennt sich Sounddesign. Schallereignisse, welche die Atmosphäre eines Ortes (kurz: „Atmo") einfangen, sind künstlerisch ungestaltet, z. B. das leise Rauschen eines Waldes. Mit „Geräuschen" und künstlich erzeugten „Klangeffekten" lassen sich die Atmosphäre weiter ausgestalten und ganze Klanglandschaften („Soundscapes") erzeugen.

Welche Geräusche würden Sie nachvertonen, um die Vorstellung dieser Stadtkulisse aus SCHWARZFAHRER wachzurufen? Zählen Sie die Geräusche auf und vertonen Sie sie zu einer kurzen Klanglandschaft. Ergänzen Sie Ihr städisches Soundscape mit passenden, künstlich erzeugten Klängen.

Vergleichen Sie Ihre Lösung mit dem Soundtrack zu Beginn des Films (0:13 – 0:47 Min.). Beschreiben Sie Unterschiede.

Zu den Elementen des Soundtracks gehören neben der Atmo, den Geräuschen und den Effekten auch die Musik und die Stimme. Um die einzelnen Bestandteile in SCHWARZFAHRER für eine genauere Untersuchung sichtbar zu machen, bietet sich eine „grafische Notation“ an. Bei dieser werden für die einzelnen Geräusche aussagekräftige Zeichen in der Zeitleiste des Films eingezeichnet.

Erfinden Sie auf einem Extrablatt Zeichen für die nebenstehenden Schallereignisse und tragen Sie diese zuerst in die Legende und anschließend ihrem Vorkommen entsprechend unten in die Zeitleiste ein. Teilen Sie die Arbeit in der Gruppe auf und führen Sie die Ergebnisse anschließend zusammen.

- Filmmusik
- Fahrgeräusch Straßenbahn
- Bremsen/Beschleunigen der Straßenbahn
- Saxophon
- Anlasser des Motorrads
- Quietschen
- Stimme
- Schritte
- Radiomusik
- Fahrgeräusch Auto

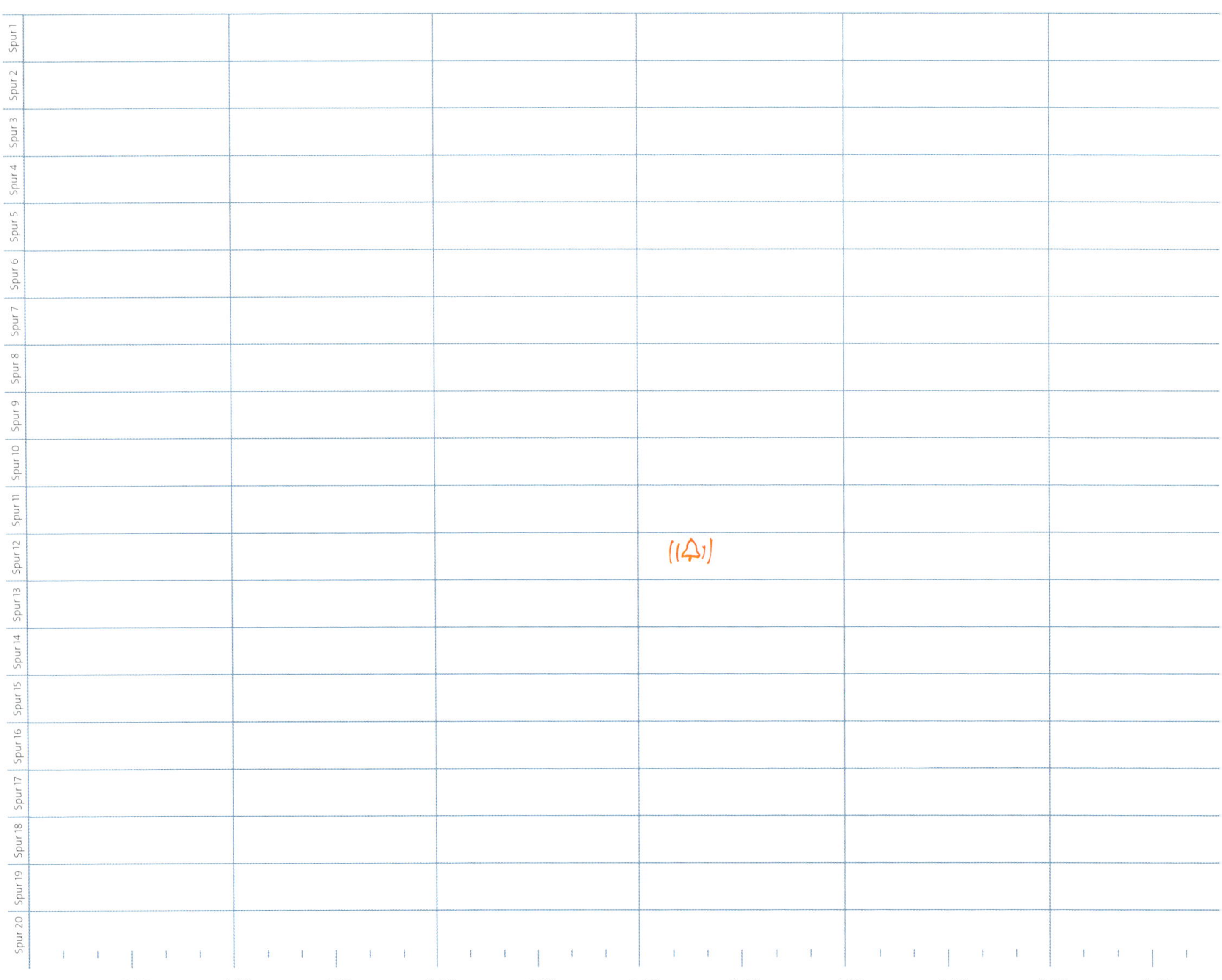

- Schließen der Straßenbahntüre
- Klingel Straßenbahn
- Rascheln Jacke/ Tasche
- Körner-Kauen des Schwarzen
- Ventilator
- Fahrkartenentwerter
- Walkman
- künstliche Effekte
- Gameboy-Sound
- Essen der Fahrkarte

An welchen Filmstellen können Sie die von Pepe Danquart im rechten Text angesprochene Rhythmusähnlichkeit von Alltagsgeräuschen, komponierter Filmmusik und filmischem Bild wahrnehmen? Markieren Sie Ihre Ergebnisse mit grüner Farbe in der Zeitleiste. Betrachten Sie dazu das Interview mit Pepe Danquart zum Soundtrack von SCHWARZFAHRER auf der DVD.

„Alltagstöne spielen als Synchrongeber für die Filmmusik eine wichtige Rolle. Sie können dem Film einen Rhythmus vorgeben, sodass eine Homogenität zwischen Bild und Ton entsteht. Film ist ja nichts anderes als Musik. Beides besteht aus Rhythmus."

Pepe Danquart

Interview mit Pepe Danquart zum Soundtrack in SCHWARZFAHRER

Von den akustischen Bausteinen, mit denen sich das Sounddesign beschäftigt, weist die Filmmusik die größte Eigenständigkeit auf. Den Musikpädagogen Georg Maas und Achim Schudack zufolge kann sie in Kombination mit dem Filmbild u. a. eine „tektonische", „syntaktische" oder „semantische" Funktion übernehmen.

Tektonische Funktion: In dieser Funktion baut und konstruiert die Musik den Film mit, wie etwa durch Titel- und Nachspannmusik.

Syntaktische Funktion: Die Musik kann Handlungen voneinander trennen oder eine Klammer bilden, indem sie sich in kontinuierlichem Fluss über mehrere Einstellungen erstreckt.

Semantische Funktion: Hier übernimmt die Musik eine inhaltliche Aussage. Sie kann beispielsweise Atmosphäre herstellen, Emotionen abbilden, eine Situation kommentieren und dadurch die Bildaussage verstärken.

Beschreiben Sie mithilfe der Einteilung nach Georg Maas / Achim Schudack die syntaktische und die semantische Funktion der Filmmusik an verschiedenen Stellen in SCHWARZFAHRER. Notieren Sie jeweils die Zeiten der Abschnitte, an denen die Musik vorkommt.

a) Syntaktische Funktion:

b) Semantische Funktion:

„Wirklich geiler Film“

SCHWARZFAHRER im Spiegel der Kritik

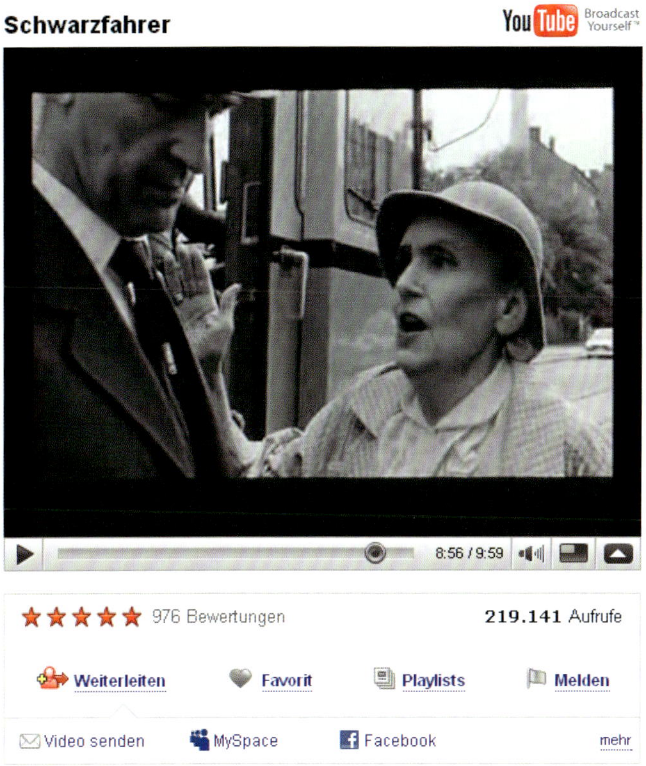

veritasetaequitas3

Wirklich geiler Film, ist aber für mein Geschmack wirklich ein bisschen in die Länge gezogen.

nichtswiezuvor

auch ein kurzfilm braucht so seine zeit, und es geht ja nicht ausschließlich um die pointe am ende ... eigentlich sind 10 minuten genau richtig.

Zcreem

Excellent example of how a short film should be made.

Fischlidrea

Gr0ßartiger Film, der nichts von seiner aktualität verloren hat. Er regt zum Nachdenken an und das ist auch gut so. Ich finde er sollte auch von Zeit zu Zeit im TV zu sehen sein. Aber es sind nicht nur ältere Menschen mit solchen Vorurteile, auch Jugendliche haben sie. Oft auch unbewusst im Sprachgebrauch z.B. als Schimpfwörter.

Greenycoffee

richtig geil gemacht!!!
so eine dämliche kuh, die oma... hat er richtig gemacht, hehe
hab mich bald weggehaun als ich das zum ersten mal sah..

flowbroerhan

geiler film, respekt an den afroamerikaner, der ist soo cool geblieben und hat einfach nur eine kltze kleine aktion gerissen um die oma zu dissen^^ RESPECT BRO!

tamburimundi n

Immer noch ein „hotshot“. Besser kann man es einfach nicht ausdrücken! Ich liebe diesen Film.

DaPole88

loool
der nigger hier hat sie aufgegessen der is ja genau so gut wie : mein hund hat die hausaufgaben gegessen ^^

[Feb. 2010]

Kommentieren Sie eine oder mehrere Meinungsäußerungen auf YouTube mit einem eigenen, witzigen Kurztext. Notieren Sie hier Ihren Entwurf.

Verfassen Sie auf einem Extrabogen, den Sie diesem Portfolio beilegen, eine seriöse Filmkritik. Gehen Sie dabei auf die filmsprachlichen Mittel und die vom Film angesprochenen gesellschaftlichen Aspekte ein.

Tragen Sie Ihre Filmkritik vor einer Kamera in einem selbst gestalteten TV-Studio vor. Legen Sie Ihr Video dem Portfolio bei.

Mittwoch, 23.3.1994

Berliner Zeitung

Ohne den dicken deutschen Zeigefinger

Ausgezeichnet als bester Kurzfilm:
Pepe Danquarts absurde Komödie „Schwarzfahrer" spielt in Berlin

Der König dieser Nacht schlief friedlich in Los Angeles, als der Überfall auf seine Freunde in Berlin begann. „O Gott, hier sind auf einmal lauter Kameras", konnte eine Mitarbeiterin von Trans-Film nur noch matt hauchen. Gestern war bei der kleinen Berliner Filmfirma der Andrang von Journalisten groß. Kein Wunder: Schließlich bekommt nicht alle Tage ein deutscher Regisseur für seinen Film einen Oscar. Pepe Danquart hat es geschafft. Die absurde Komödie „Schwarzfahrer" des 39-jährigen Berliner Filmemachers wurde für den besten Kurzfilm ausgezeichnet.

„Komödie und Tragik vermischen sich in diesem Zwölf-Minuten-Film", erklärt die Hauptdarstellerin Senta Moira das Geheimnis des Films. „Es wird nicht mit dem dicken deutschen Zeigefinger auf die Unmoral gezeigt." Mit Ironie fängt Pepe Danquart das schwere

„Dass wir es überhaupt geschafft haben, den Film zu zeigen, ist unglaublich", erklärt heiser Sandur Söth, Herstellungsleiter des Kurzfilms. Denn just als alles im Kasten war, stellte das Team von 25 Technikern fest, dass der Film wegen eines totalen Negativschadens unbrauchbar war. So mussten sie in dreieinhalb Tagen alles noch einmal drehen. Ausruhen wird sich Pepe Danquart mit seinem Oscar lange noch nicht. Er will am liebsten „gleich weiterarbeiten". Im Unterschied zu seinem amerikanischen Kollegen Steven Spielberg, der nach seinem „Oscar"-Segen ein Jahr Drehpause einlegen will, habe er schon neue Pläne, diesmal für einen langen Spielfilm, sagte Danquart nach der Preisverleihung in einem Fernsehinterview. Er hoffe, dass die Auszeichnung ihm bei der Verwirklichung helfen werde. Das Thema Rassismus, das er in „Schwarzfahrer" pointiert darstellt, habe die Jury wohl angesprochen, vermutet Danquart, der am Freitag wieder in Berlin erwartet wird.

Mit „Herzklopfen vor dem Fernseher gesessen" hat Danquarts Freundin, die Filmemacherin Mirjam Quinte, in Freiburg. Eine „Superchance" sieht sie in dem „Oscar"-

musste mich dazu lange überreden“, sagt die Theaterschauspielerin.

Nicht erfunden

Die Handlung des Films: Ein Schwarzer (Paul Outlaw) steigt in die Straßenbahn im Ostteil Berlins ein und setzt sich neben eine alte Frau (Senta Moira). Diese macht so lange rassistische Bemerkungen, bis dem Gedemütigten der Geduldsfaden reißt und er das Ticket der Alten aufisst. Als ein Schaffner kontrolliert, muss sie aussteigen.

„Wir haben diese Handlung nicht erfunden, sie trug sich wirklich in der Schweiz zu“, sagt der Produzent von Trans-Film, Albert Kitzler, zu der Idee des Films. 1992 haben Danquart und sein Team gedreht, und schon bald entpuppte sich der Kurzfilm als Erfolg. Gezeigt wurde der Streifen auf etlichen renommierten Festivals – und ausgezeichnet mit diversen Preisen. Nur der Ausschuss für die Nominierung des Bundesfilmpreises ließ das gute Stück unter den Teppich fallen. Warum, wisse keiner, sagt Kitzler. Aber das alles spielt jetzt keine große Rolle mehr. Der Oscar überstrahlt alles.

in Baden-Württemberg für Filmemacher praktisch keine Infrastruktur vorhanden sei.

Verblüffung

Der Mitbegründer der Medienwerkstatt Freiburg, Bertram Rotermund, findet es „etwas verblüffend, wenn man für eine Arbeit aus der Oppositionsbewegung einen Oscar erhält“. Auch Danquart gehört zu den Gründern dieser Medienwerkstatt Freiburg, die 1978 aus der Alternativszene hervorgegangen ist. Dort befassen sich Filmemacher vor allem mit Dokumentarfilmen über politische, soziale und kulturelle Themen. Seit einigen Jahren sind sie im TV-Geschäft gut vertreten. Auch Danquart hat schon 1979 mit einer Reihe von Kurzfilmen für das ZDF und den Südwestfunk auf sich aufmerksam gemacht.

Von Freiburg über Berlin nach Hollywood, vom alternativen Filmemacher zum Oscar-Preisträger: Über seinen gewaltigen Karriere-Sprung wird Pepe Danquart wohl noch einige Nächte mehr schlafen müssen – um sich dann gleich wieder ins Filmgeschäft zu stürzen.

Clarissa Ruge

Im Artikel von Clarissa Ruge, direkt nach der Oscar-Verleihung erschienen, gibt es zahlreiche Themenwechsel.
Markieren Sie die Sinnabschnitte mit unterschiedlichen Farben. Erstellen Sie eine Legende, indem Sie Stichworte neben jede Farbe schreiben.

(rot) =
(orange) =
(gelb) =
(grün) =
(hellblau) =
(dunkelblau) =

Foto: Ullstein Bilderdienst (Inter-Topics GmbH)

Filmkritik

Auch in Internetblogs und Internetlexika, die sich auf Filmkritik spezialisiert haben, wird SCHWARZFAHRER vorgestellt, wie die untenstehenden Beispiele zeigen.

Pepe Danquart schuf mit seinem zehnminütigen Drama einen amüsanten und zugleich bissigen Blick in die Gedankenwelten der konservativen (deutschen?) Gesellschaft.
Ein junger Schwarzer wird aufgrund seines Aussehens in einer Berliner Straßenbahn von einer alten Frau verbal angegriffen. Am Ende stellt sich heraus, wer das wahre „Schwarze Schaf" ist.
Der Film zeichnet sich neben seiner stimmigen S/W-Optik vor allem durch seinen fantastischen Storytwist am Ende aus. Für einen deutschen Film wird hier bemerkenswert lakonisch ein vermeintlich schwieriges Thema behandelt und der Zuschauer mit einem breiten Grinsen im Gesicht zurückgelassen.
Auch die Länge erscheint zur Darstellung der Geschichte optimal.
Klassikerfaktor: 90%

Quelle: http://www.bildflimmern.de/?p=18 [Nov. 2009]

definitely memorable, 10 April 1999

Author: markles von mmcdanna@yahoo.com
i didn't know what to expect as i watched this short german film. i'd never read or heard anything about it, knowing only that it would be about racism. let me say that you will not get what you might expect.

i don't want to ruin the beauty of this film so i'll leave out any details and merely say that i thought of the ending about 10 times between the movie's conclusion and my bed-time, and that each time i did so, a huge smile crossed my face, accompanied by a chuckle. watch it.

Was the above comment useful to you? Yes No

Quelle: Internet Movie Data Base http://www.imdb.com/title/tt0108056/usercomments [Nov. 2009]

Je nach Erscheinungsort setzen die Kritiken und Kommentare zu SCHWARZFAHRER unterschiedliche Schwerpunkte. Kreuzen Sie in der Tabelle unten an, welche Themen dabei angesprochen werden. Mehrfachnennungen sind möglich. Fügen Sie kurze Kommentare hinzu, wie „sehr ausführlich" oder „nicht nachvollziehbar".

Thema / Ort	Filminhalt	Filmsprachliche Mittel	Filmwirkung	Künstlerische Bewertung	Regisseur Pepe Danquart	Ereignisse um den Film herum	Persönliche Stellungnahmen	Sonstiges
User im Videoportal (s. Bogen 10 A)								
Journalistin in Tagezeitung (s. Bogen 10 B)								
Filmkritiker im Internetblog (ganz oben)								
Internet-Lexikon (oben)								

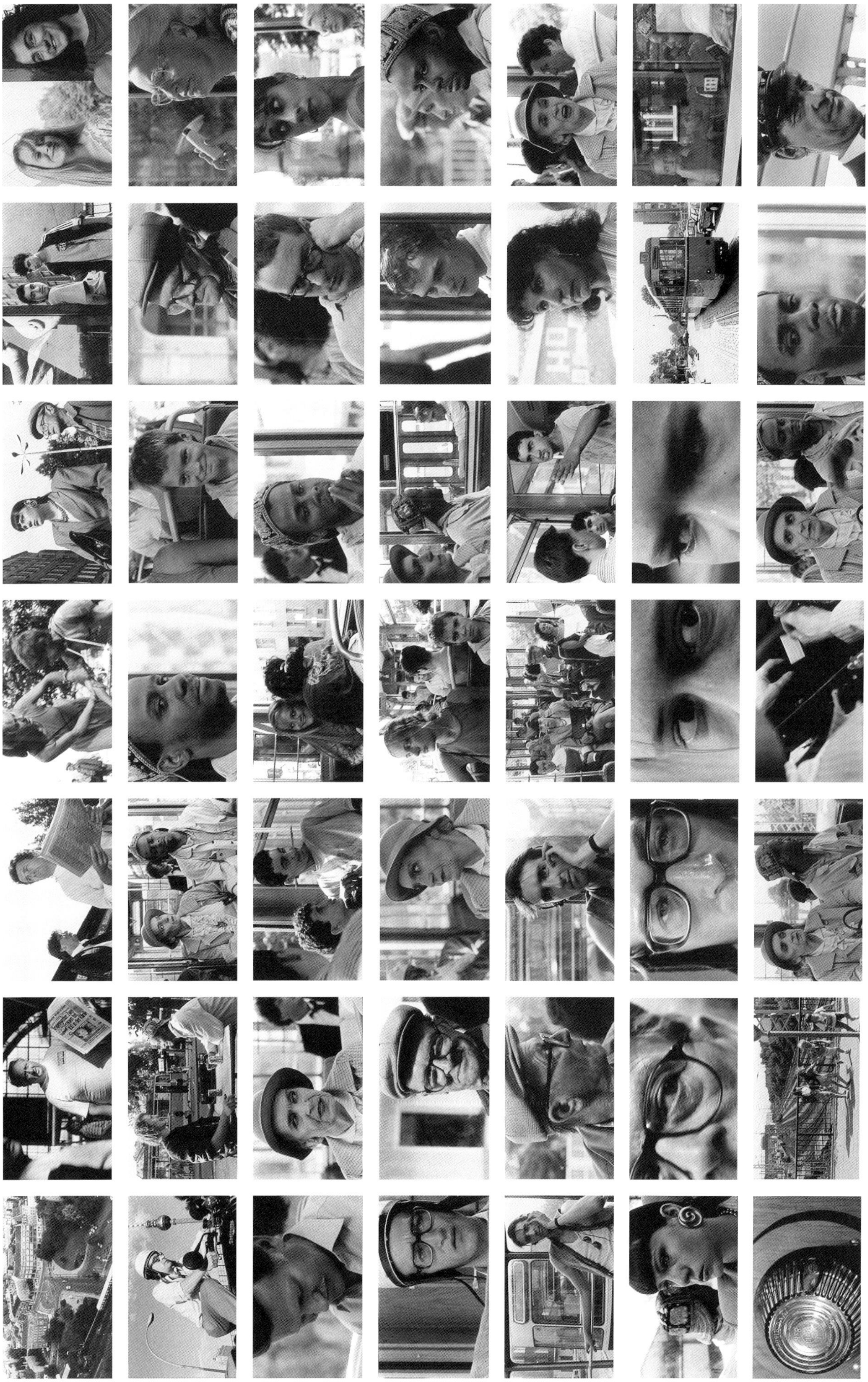

• Die auf diesem Materialbogen gezeigten Abbildungen sind „Motion stills", d.h. dem laufenden Film entnommene Standbilder. Die Reihenfolge entspricht dem Erscheinen im filmischen Ablauf.

• Filmstandbilder aus SCHWARZFAHRER (D 1993, R: Pepe Danquart, Kamera: Ciro Cappellari).

Die Abbildungen auf den Materialbögen können zur Bearbeitung der Aufgaben und Anregungen ausgeschnitten werden.

• Filmstandbilder aus SCHWARZFAHRER (D 1993, R: Pepe Danquart, Kamera: Ciro Cappellari).

Die Abbildungen auf den Materialbögen können zur Bearbeitung der Aufgaben und Anregungen ausgeschnitten werden.

• Die auf diesem Materialbogen gezeigten Abbildungen sind „Motion stills", d.h. dem laufenden Film entnommene Standbilder. Die Reihenfolge entspricht dem Erscheinen im filmischen Ablauf.

12 B

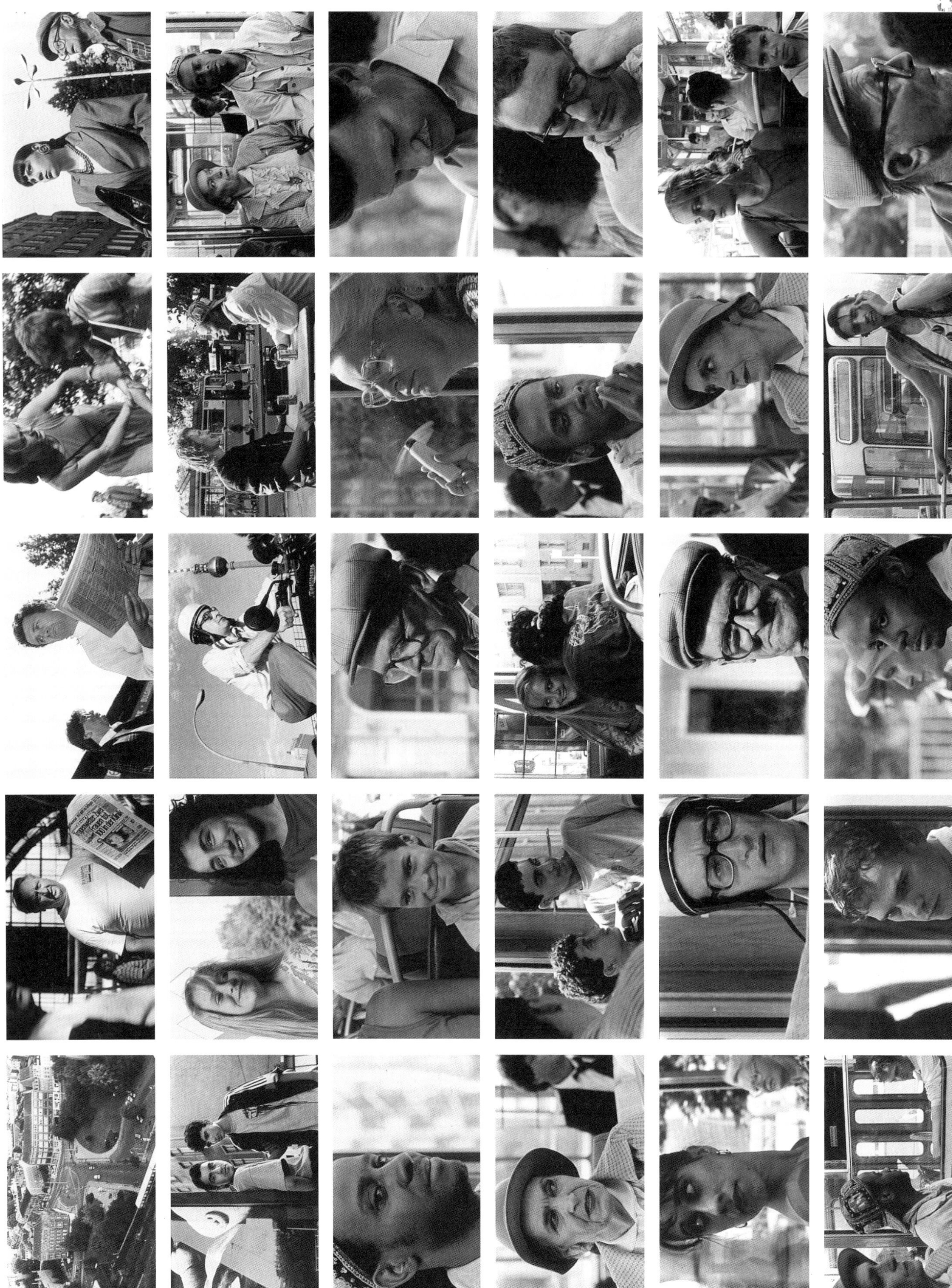